Sobre la fe

Otros libros del Papa Francisco publicados por
Loyola Press en español

Sobre la esperanza

El Papa Francisco: vida y revolución

Querido Papa Francisco

El Papa Francisco dice. . .

Sobre la fe

PAPA FRANCISCO

LOYOLA PRESS.
UN MINISTERIO JESUITA
Chicago

LOYOLA PRESS.
UN MINISTERIO JESUITA

3441 N. Ashland Avenue
Chicago, Illinois 60657
(800) 621-1008
www.loyolapress.com

Diseño de la portada: iStock.com/ROMAOSLO.

ISBN: 978-0-8294-4864-1
Número de Control de Biblioteca del Congreso USA: 2018960227

Impreso en los Estados Unidos de América.
18 19 20 21 22 23 24 25 26 27 Versa 10 9 8 7 6 5 4 3 2 1

El hombre es fiel creyendo a Dios, que promete;
Dios es fiel dando lo que promete al hombre.

—SAN AUGUSTÍN

Índice

ÍNDICE

Nota del editor

El Papa Francisco nos dice que la fe es un camino. Para los cristianos, un camino que comienza en Belén con el nacimiento y termina en Jerusalén con la muerte en una cruz, la cual resulta no ser el fin en absoluto. Ese es solo un esbozo de nuestra historia de fe, el microcosmos de un misterio vasto y transformador. Jesús, la persona que nació de María, a través de su camino de fe se convierte en Cristo, y con ello, altera el tiempo, la salvación y la muerte misma.

Seguir a Cristo en la fe no es tarea fácil, sin embargo el Papa Francisco nos alienta: "Y este es el camino definitivo: siempre con el Señor, también en nuestras debilidades, también en nuestros pecados. No ir jamás por el camino de lo provisional. La fe es fidelidad definitiva, como la de María".

No podemos saber con antelación lo que nos depara este camino porque la trayectoria se revela solo al caminar: "No se nos ha entregado la vida como un guion en el que ya todo estuviera escrito, sino que consiste en andar, caminar, hacer, buscar, ver. . . Hay que embarcarse en la aventura de la búsqueda del encuentro y del dejarse buscar y dejarse encontrar por Dios".

Para el Papa Francisco la fe es un movimiento, un camino que seguimos todos los días: "Recordad siempre esto: la fe es caminar con Jesús; y es un camino que dura toda la vida. Al final tendrá lugar el encuentro definitivo. Cierto, en algunos momentos de este camino nos sentimos cansados y confundidos. Pero la fe nos da la certeza de la presencia constante de Jesús en cada situación, incluso en la más dolorosa o difícil de entender. Estamos llamados a caminar para entrar cada vez más dentro del misterio del amor de Dios, que nos sobrepasa y nos permite vivir con serenidad y esperanza".

La fe es también un don que recibimos, un amor colocado en lo profundo de nuestro corazón que busca incansablemente el corazón de Cristo. La fe nos permite ver con nuevos ojos y unirnos al épico peregrinar de salvación que ha emprendido la Iglesia: "La fe nos hace partícipes del camino de la Iglesia, peregrina en la historia hasta su cumplimiento. Quien ha sido transformado de este modo adquiere una nueva forma de ver, la fe se convierte en luz para sus ojos".

Al abismo sin forma, nuestro Dios creador dijo: "Que exista la luz". Y el sol brilló intenso sobre la creación de Dios, donde antes no había nada. Jesús, esperando a las orillas del mar de Galilea, con una pequeña fogata de carbón ardiendo tenuemente en la oscuridad, guio a los discípulos de forma segura a la orilla después de una larga noche de pesca. Este es nuestro Dios, un Dios grande y pequeño, que honra y mantiene su fe con nosotros.

Volviendo una vez más a las palabras del Papa Francisco: "La luz de la fe no disipa todas nuestras tinieblas, sino que, como una lámpara, guía nuestros pasos en la noche, y esto basta para caminar".

Ruego para que la fe ilumine su camino a medida que avanza hacia un encuentro con Dios vivo, quien, en el misterio de la fe, es tanto un destino como un compañero.

Joseph Durepos
Chicago, junio de 2018

1

Confesar a Jesús

Preguntémonos si somos *cristianos de salón*, de esos que comentan cómo van las cosas en la Iglesia y en el mundo, o si somos *apóstoles en camino*, que confiesan a Jesús con la vida porque lo llevan en el corazón. Quien confiesa a Jesús sabe que no ha de dar sólo opiniones, sino la vida; sabe que no puede creer con tibieza, sino que está llamado a "arder" por amor; sabe que en la vida no puede conformarse con "vivir al día" o acomodarse en el bienestar, sino que tiene que correr el riesgo de ir mar adentro, renovando cada día el don de sí mismo.

2

La verdadera fe

La verdadera fe es la que nos hace más caritativos, más misericordiosos, más honestos y más humanos; es la que anima los corazones para llevarlos a amar a todos gratuitamente, sin distinción y sin preferencias, es la que nos hace ver al otro no como a un enemigo a quien derrotar, sino como a un hermano a quien amar, servir y ayudar; es la que nos lleva a difundir, a defender y a vivir la cultura del encuentro, del diálogo, del respeto y de la fraternidad.

3

Crecer en la fe

La fe nos da la valentía de perdonar a quien nos ha ofendido, de ayudar a quien ha caído, a vestir al desnudo, a dar de comer al que tiene hambre, a visitar al encarcelado, a ayudar a los huérfanos, a dar de beber al sediento, a socorrer a los ancianos y a los necesitados. La verdadera fe es la que nos lleva a proteger los derechos de los demás, con la misma fuerza y con el mismo entusiasmo con el que defendemos los nuestros. En realidad, cuanto más se crece en la fe y más se conoce, más se crece en la humildad y en la conciencia de ser pequeño.

4
Por la fe

Abrahán, por la fe, partió sin saber adónde iba. Todos nuestros antepasados en la fe murieron teniendo ante los ojos los bienes prometidos, pero muy a lo lejos. . . No se nos ha entregado la vida como un guion en el que ya todo estuviera escrito, sino que consiste en andar, caminar, hacer, buscar, ver. . . Hay que embarcarse en la aventura de la búsqueda del encuentro y del dejarse buscar y dejarse encontrar por Dios.

5

Una fe que nos llama por nuestro nombre

En la vida de Abrahán sucede algo desconcertante: Dios le dirige la palabra, se revela como un Dios que habla y lo llama por su nombre. La fe está vinculada a la escucha. Abrahán no ve a Dios, pero oye su voz. De este modo la fe adquiere un carácter personal. Aquí Dios no se manifiesta como el Dios de un lugar, ni tampoco aparece vinculado a un tiempo sagrado determinado, sino como el Dios de una persona, el Dios de Abrahán, Isaac y Jacob, capaz de entrar en contacto con el hombre y establecer una alianza con él. La fe es la respuesta a una palabra que interpela personalmente, a un "Tú" que nos llama por nuestro nombre.

6

La fe es una llamada y una promesa

La palabra comunicada a Abrahán es una llamada y una promesa. En primer lugar es una llamada a salir de su tierra, una invitación a abrirse a una vida nueva, comienzo de un éxodo que lo lleva hacia un futuro inesperado. La visión que la fe da a Abrahán estará siempre vinculada a este paso adelante que tiene que dar: la fe "ve" en la medida en que camina, en que se adentra en el espacio abierto por la Palabra de Dios.

7
La fe de Abrahán

Se pide a Abrahán que se fíe de esta palabra [la de Dios]. La fe entiende que la palabra, aparentemente efímera y pasajera, cuando es pronunciada por el Dios fiel, se convierte en lo más seguro e inquebrantable que pueda haber, en lo que hace posible que nuestro camino tenga continuidad en el tiempo. La fe acoge esta palabra como roca firme, para construir sobre ella con sólido fundamento.

Para Abrahán, la fe en Dios ilumina las raíces más profundas de su ser, le permite reconocer la fuente de bondad que hay en el origen de todas las cosas y confirmar que su vida no procede de la nada o la casualidad, sino de una llamada y un amor personal. El Dios misterioso que lo ha llamado no es un Dios extraño, sino aquel que es origen de todo y que todo lo sostiene. La gran prueba de la fe de Abrahán, el sacrificio de su hijo Isaac, nos permite ver hasta qué punto este amor originario es capaz de garantizar la vida incluso después de la muerte.

8

La fe enseña

Dios llama a Abrahán a salir de su tierra y le promete hacer de él una sola gran nación, un gran pueblo, sobre el que desciende la bendición de Dios. A lo largo de la historia de la salvación el hombre descubre que Dios quiere hacer partícipes a todos, como hermanos, de la única bendición, que encuentra su plenitud en Jesús, para que todos sean uno.

El amor inagotable del Padre se nos comunica en Jesús, también mediante la presencia del hermano. La fe nos enseña que cada hombre es una bendición para mí, que la luz del rostro de Dios me ilumina a través del rostro del hermano.

9

La fe de Israel

En la fe de Israel destaca también la figura de Moisés, el mediador. El pueblo no puede ver el rostro de Dios; es Moisés quien habla con YHWH en la montaña y transmite a todos la voluntad del Señor. Con esta presencia del mediador Israel ha aprendido a caminar unido. El acto de fe individual se inserta en una comunidad, en el "nosotros" común del pueblo que, en la fe, es como un solo hombre, "mi hijo primogénito", como llama Dios a Israel (Éx 4:22). La mediación no representa aquí un obstáculo, sino una apertura: en el encuentro con los demás, la mirada se extiende a una verdad más grande que nosotros mismos.

10

Fe y decálogo

La conexión entre la fe y el decálogo [los Diez Mandamientos] también es importante. La fe, como hemos dicho, se presenta como un camino, una vía por recorrer, que se abre en el encuentro con el Dios vivo. Por eso, a la luz de la fe, de la confianza total en el Dios Salvador, el decálogo adquiere su verdad más profunda, contenida en las palabras que introducen los diez mandamientos: "Yo soy el Señor, tu Dios, que te saqué de la tierra de Egipto" (Éx 20:2).

El decálogo no es un conjunto de preceptos negativos, sino indicaciones concretas para salir del desierto del "yo" autorreferencial, cerrado en sí mismo, y entrar en diálogo con Dios, dejándose abrazar por su misericordia para ser portador de su misericordia. Así, la fe confiesa el amor de Dios, origen y fundamento de todo, y se deja llevar por este amor para caminar hacia la plenitud de la comunión con Dios.

El decálogo es el camino de la gratitud, de la respuesta de amor, que es posible porque, en la fe, nos hemos abierto a la experiencia del amor transformante de Dios por nosotros. Y este camino recibe una nueva luz en la enseñanza de Jesús, en el Sermón de la Montaña (Mt 5–7).

11
La fe bíblica

En el centro de la fe bíblica está el amor de Dios, su solicitud concreta por cada persona, su designio de salvación que abraza a la humanidad entera y a toda la creación, y que alcanza su cúspide en la encarnación, muerte y resurrección de Jesucristo. Cuando se oscurece esta realidad, falta el criterio para distinguir lo que hace preciosa y única la vida del hombre. Este pierde su puesto en el universo, se pierde en la naturaleza, renunciando a su responsabilidad moral, o bien pretende ser árbitro absoluto, atribuyéndose un poder de manipulación sin límites.

12

La luz de la fe

La confesión de fe de Israel se formula como narración de los beneficios de Dios, de su intervención para liberar y guiar al pueblo, narración que el pueblo transmite de generación en generación. Para Israel, la luz de Dios brilla a través de la memoria de las obras realizadas por el Señor, conmemoradas y confesadas en el culto, transmitidas de padres a hijos. Aprendemos así que la luz de la fe está vinculada al relato concreto de la vida, al recuerdo agradecido de los beneficios de Dios y al cumplimiento progresivo de sus promesas.

13

La fe reconoce

La palabra que Dios nos dirige en Jesús no es una más entre otras, sino su Palabra eterna (Hb 1:1–2). No hay garantía más grande que Dios nos pueda dar para asegurarnos su amor, como recuerda san Pablo (Rm 8:31–39). La fe cristiana es, por tanto, fe en el amor pleno, en su poder eficaz, en su capacidad de transformar el mundo e iluminar el tiempo. "Hemos conocido el amor que Dios nos tiene y hemos creído en él" (1 Jn 4:16). La fe reconoce el amor de Dios manifestado en Jesús como el fundamento sobre el que se asienta la realidad y su destino último.

14

La fe y el recuerdo

Recordar es esencial para la fe, como el agua para una planta: así como una planta no puede permanecer con vida y dar fruto sin ella, tampoco la fe puede si no se sacia de la memoria de lo que el Señor ha hecho por nosotros. Acuérdate de Jesucristo.

15
La fe, don de Dios

En la fe, don de Dios, virtud sobrenatural infusa por él, reconocemos que se nos ha dado un gran amor, que se nos ha dirigido una palabra buena, y que, si acogemos esta palabra, que es Jesucristo, Palabra encarnada, el Espíritu Santo nos transforma, ilumina nuestro camino hacia el futuro, y da alas a nuestra esperanza para recorrerlo con alegría. Fe, esperanza y caridad, en admirable urdimbre, constituyen el dinamismo de la existencia cristiana hacia la comunión plena con Dios.

16
La fe cristiana

La fe cristiana está centrada en Cristo, es confesar que Jesús es el Señor y Dios lo ha resucitado de entre los muertos. Todas las líneas del Antiguo Testamento convergen en Cristo; él es el "sí" definitivo a todas las promesas, el fundamento de nuestro "amén" último a Dios (2 Co 1:20).

La historia de Jesús es la manifestación plena de la fiabilidad de Dios. Si Israel recordaba las grandes muestras de amor de Dios, que constituían el centro de su confesión y abrían la mirada de su fe, ahora la vida de Jesús se presenta como la intervención definitiva de Dios, la manifestación suprema de su amor por nosotros.

17

Nuestra fe

La fe cristiana es fe en la encarnación del Verbo y en su resurrección en la carne; es fe en un Dios que se ha hecho tan cercano, que ha entrado en nuestra historia. La fe en el Hijo de Dios hecho hombre en Jesús de Nazaret no nos separa de la realidad, sino que nos permite captar su significado profundo, descubrir cuánto ama Dios a este mundo y cómo lo orienta incesantemente hacia sí; y esto lleva al cristiano a comprometerse, a vivir con mayor intensidad todavía el camino sobre la tierra.

18

El toque de la fe

Cristo ha bajado a la tierra y ha resucitado de entre los muertos; con su encarnación y resurrección, el Hijo de Dios ha abrazado todo el camino del hombre y habita en nuestros corazones mediante el Espíritu santo. La fe sabe que Dios se ha hecho muy cercano a nosotros, que Cristo se nos ha dado como un gran don que nos transforma interiormente, que habita en nosotros y así nos da la luz que ilumina el origen y el final de la vida.

Con la fe, nosotros podemos tocarlo y recibir la fuerza de su gracia. San Agustín, comentando el pasaje de la hemorroísa que toca a Jesús para curarse, afirma: "Tocar con el corazón, esto es creer". También la multitud se agolpa en torno a él, pero no lo roza con el toque personal de la fe, que reconoce el misterio de que él es el Hijo que manifiesta al Padre. Cuando estamos configurados con Jesús, recibimos ojos adecuados para verlo.

19

Fe es caminar con Jesús

Nuestra fe, la Iglesia que Cristo quiso, no se funda en una idea, no se funda en una filosofía, se funda en Cristo mismo. Y la Iglesia es como una planta que a lo largo de los siglos ha crecido, se ha desarrollado, ha dado frutos, pero sus raíces están bien plantadas en él y la experiencia fundamental de Cristo que tuvieron los Apóstoles, elegidos y enviados por Jesús, llega hasta nosotros. Desde aquella planta pequeñita hasta nuestros días: así la Iglesia está en todo el mundo.

Recordad siempre esto: la fe es caminar con Jesús y es un camino que dura toda la vida. Al final tendrá lugar el encuentro definitivo. Cierto, en algunos momentos de este camino nos sentimos cansados y confundidos. Pero la fe nos da la certeza de la presencia constante de Jesús en cada situación, incluso en la más dolorosa o difícil de entender. Estamos llamados a caminar para entrar cada vez más dentro del misterio del amor de Dios, que nos sobrepasa y nos permite vivir con serenidad y esperanza.

20

La luz de la fe

La fe, que recibimos de Dios como don sobrenatural, se presenta como luz en el sendero, que orienta nuestro camino en el tiempo. Por una parte, procede del pasado; es la luz de una memoria fundante, la memoria de la vida de Jesús, donde su amor se ha manifestado totalmente fiable, capaz de vencer a la muerte.

21

Le fe, una luz para nuestras tinieblas

La lámpara es el símbolo de la fe que ilumina nuestra vida, mientras que el aceite es el símbolo de la caridad que alimenta y hace fecunda y creíble la luz de la fe. La condición para estar listos para el encuentro con el Señor no es solo la fe, sino una vida cristiana rica en amor y caridad hacia el prójimo.

Pero, al mismo tiempo, como Jesús ha resucitado y nos atrae más allá de la muerte, la fe es luz que viene del futuro, que nos desvela vastos horizontes, y nos lleva más allá de nuestro "yo" aislado, hacia la más amplia comunión. Nos damos cuenta, por tanto, de que la fe no habita en la oscuridad, sino que es luz en nuestras tinieblas.

22

Fe en Jesús

La confesión cristiana de Jesús como único salvador sostiene que toda la luz de Dios se ha concentrado en él, en su "vida luminosa", en la que se desvela el origen y la consumación de la historia. No hay ninguna experiencia humana, ningún itinerario del hombre hacia Dios que no pueda ser integrado, iluminado y purificado por esta luz. Cuanto más se sumerge el cristiano en la aureola de la luz de Cristo, tanto más es capaz de entender y acompañar el camino de los hombres hacia Dios.

La fe, por su propia naturaleza, requiere renunciar a la posesión inmediata que parece ofrecer la visión. Es una invitación a abrirse a la fuente de la luz, respetando el misterio propio de un rostro que quiere revelarse personalmente y en el momento oportuno.

23

La fe se transmite

La luz de Cristo brilla como en un espejo en el rostro de los cristianos. Así se difunde y llega hasta nosotros, de modo que también nosotros podamos participar en esta visión y reflejar a otros su luz, igual que en la liturgia pascual la luz del cirio enciende otras muchas velas. La fe se transmite, por así decirlo, por contacto, de persona a persona, como una llama enciende otra llama. Los cristianos, en su pobreza, plantan una semilla tan fecunda que se convierte en un gran árbol que es capaz de llenar el mundo de frutos.

24

La lámpara de nuestra fe

Si nos dejamos guiar por aquello que nos parece más cómodo, por la búsqueda de nuestros intereses, nuestra vida se vuelve estéril, incapaz de dar vida a los otros y no acumulamos ninguna reserva de aceite para la lámpara de nuestra fe; y esta —la fe— se apagará en el momento de la venida del Señor o incluso antes. Si en cambio estamos vigilantes y buscamos hacer el bien, con gestos de amor, de compartir, de servicio al prójimo en dificultades, podemos estar tranquilos mientras esperamos la llegada del novio: el Señor podrá venir en cualquier momento, y tampoco el sueño de la muerte nos asusta, porque tenemos la reserva de aceite, acumulada con las obras buenas de cada día. La fe inspira a la caridad y la caridad custodia a la fe.

25

La fe en los ídolos

En lugar de tener fe en Dios se prefiere a veces adorar al ídolo cuyo rostro se puede mirar, cuyo origen es conocido porque lo hemos hecho nosotros. Ante el ídolo, no hay riesgo de una llamada que haga salir de las propias seguridades, porque los ídolos "tienen boca y no hablan" (Sal 115:5).

Vemos entonces que el ídolo es un pretexto para ponerse a sí mismo en el centro de la realidad, adorando la obra de las propias manos. Perdida la orientación fundamental que da unidad a su existencia, el hombre se disgrega en la multiplicidad de sus deseos. Cuando el hombre se niega a esperar el tiempo de la promesa, se desintegra en los múltiples instantes de su historia. Por eso, la idolatría es siempre politeísta, un ir sin meta alguna de un señor a otro.

26

La fe, asociada a la conversión

La idolatría no presenta un camino, sino una multitud de senderos que no llevan a ninguna parte y forman más bien un laberinto. Quien no quiere fiarse de Dios se ve obligado a escuchar las voces de tantos ídolos que le gritan: "Fíate de mí".

La advertencia de Jesús es siempre actual: hoy también el hombre construye imágenes de Dios que le impiden disfrutar de su presencia real. Algunos se crean una fe "a medida" que reduce a Dios en el espacio, limitado por los propios deseos y las propias convicciones. Pero esta fe no es conversión al Señor que se revela, es más, impide estimular nuestra vida y nuestra conciencia.

La fe, en cuanto asociada a la conversión, es lo opuesto a la idolatría; es separación de los ídolos para volver al Dios vivo, mediante un encuentro personal. Creer significa confiarse a un amor misericordioso, que siempre acoge y perdona, que sostiene y orienta la existencia, que se manifiesta poderoso en su capacidad de enderezar lo torcido de nuestra historia. La fe consiste en la disponibilidad para dejarse transformar una y otra vez por la llamada de Dios. He aquí la paradoja: en el continuo volverse al Señor, el hombre encuentra un camino seguro, que lo libera de la dispersión a la que le someten los ídolos.

27

La fe, centrada en sí misma

Aquellos que reducen a Dios a un falso ídolo usan su santo nombre para justificar sus propios intereses o incluso el odio y la violencia. Aun más, para otros, Dios es solamente un refugio psicológico en el cual ser tranquilizados en los momentos difíciles: se trata de una fe plegada en sí misma, impermeable a la fuerza del amor misericordioso de Jesús que impulsa hacia los hermanos.

Otros consideran a Cristo solo un buen maestro de enseñanzas éticas, uno de los muchos que hay en la historia. Y por último, hay quien ahoga la fe en una relación puramente intimista con Jesús, anulando su impulso misionero capaz de transformar el mundo y la historia. Nosotros los cristianos creemos en el Dios de Jesucristo y nuestro deseo es el de crecer en la experiencia viva de su misterio de amor.

28

La verdadera fe es comunitaria

La fe no es algo privado, una concepción individualista, una opinión subjetiva, sino que nace de la escucha y está destinada a pronunciarse y a convertirse en anuncio. En efecto, "¿cómo creerán en aquel de quien no han oído hablar? ¿Cómo oirán hablar de él sin nadie que anuncie?" (Rm 10:14).

La Iglesia, en el origen de su vida y de su misión en el mundo, no ha sido más que una comunidad constituida para confesar la fe en Jesucristo, Hijo de Dios y Redentor del hombre, una fe que obra por medio de la caridad. ¡Van juntas! También hoy la Iglesia está llamada a ser en el mundo la comunidad que, arraigada en Cristo por medio del Bautismo, profesa con humildad y valentía la fe en él, testimoniándola en la caridad.

29

La medida de la fe

La existencia del creyente se convierte en existencia eclesial. Cuando san Pablo habla a los cristianos de Roma y les dice que todos los creyentes forman un solo cuerpo en Cristo, les pide que no sean orgullosos, sino que se estimen "según la medida de la fe que Dios otorgó a cada cual" (Rm 12:3). El creyente aprende a verse a sí mismo a partir de la fe que profesa: la figura de Cristo es el espejo en el que descubre su propia imagen realizada.

Y como Cristo abraza en sí a todos los creyentes, que forman su cuerpo, el cristiano se comprende a sí mismo dentro de este cuerpo, en relación originaria con Cristo y con los hermanos en la fe. La imagen del cuerpo no pretende reducir al creyente a una simple parte de un todo anónimo, a mera pieza de un gran engranaje, sino que subraya más bien la unión vital de Cristo con los creyentes y de todos los creyentes entre sí.

30
La confesión de la fe

Fuera de este cuerpo, de esta unidad de la Iglesia en Cristo, la fe pierde su "medida", ya no encuentra su equilibrio, el espacio necesario para sostenerse. La fe tiene una configuración necesariamente eclesial, se confiesa dentro del cuerpo de Cristo, como comunión real de los creyentes. Desde este ámbito eclesial, abre al cristiano individual a todos los hombres.

La palabra de Cristo, una vez escuchada y por su propio dinamismo, en el cristiano se transforma en respuesta, y se convierte en palabra pronunciada, en confesión de fe. Como dice san Pablo: "Con el corazón se cree [. . .], y con los labios se profesa" (Rm 10:10).

31

Fe operante

La fe se hace entonces operante en el cristiano a partir del don recibido, del amor que atrae hacia Cristo (Ga 5:6), y le hace partícipe del camino de la Iglesia, peregrina en la historia hasta su cumplimiento. Quien ha sido transformado de este modo adquiere una nueva forma de ver, la fe se convierte en luz para sus ojos.

De nuevo, volvemos a lo que nos dice san Pablo: "Con el corazón se cree [. . .], y con los labios se profesa" (Rm 10:10). La fe no es algo privado, una concepción individualista, una opinión subjetiva, sino que nace de la escucha y está destinada a pronunciarse y a convertirse en anuncio. En efecto, "¿cómo creerán en aquel de quien no han oído hablar? ¿Cómo oirán hablar de él sin nadie que anuncie?" (Rm 10:14).

32

La fe no es una decisión individual

Es imposible creer cada uno por su cuenta. La fe no es únicamente una opción individual que se hace en la intimidad del creyente, no es una relación exclusiva entre el "yo" del fiel y el "tú" divino, entre un sujeto autónomo y Dios. Por su misma naturaleza se abre al "nosotros", se da siempre dentro de la comunión de la Iglesia.

Nos lo recuerda la forma dialogada del Credo, usada en la liturgia bautismal. El creer se expresa como respuesta a una invitación, a una palabra que ha de ser escuchada y que no procede de mí, y por eso forma parte de un diálogo; no puede ser una mera confesión que nace del individuo. Es posible responder en primera persona, "creo", solo porque se forma parte de una gran comunión, porque también se dice "creemos".

33

Le fe revela

La fe revela hasta qué punto pueden ser sólidos los vínculos humanos cuando Dios se hace presente en medio de ellos. No se trata solo de una solidez interior, una convicción firme del creyente; la fe ilumina también las relaciones humanas porque nace del amor y sigue la dinámica del amor de Dios. El Dios digno de fe construye para los hombres una ciudad fiable.

Mientras tanto, el Evangelio nos invita siempre a correr el riesgo del encuentro con el rostro del otro, con su presencia física que interpela, con su dolor y sus reclamos, con su alegría que contagia en un constante cuerpo a cuerpo. La verdadera fe en el Hijo de Dios hecho carne es inseparable del don de sí, de la pertenencia a la comunidad, del servicio, de la reconciliación con la carne de los otros. El Hijo de Dios, en su encarnación, nos invitó a la revolución de la ternura.

34

Proteger la fe

Un aspecto de la luz que nos guía en el camino de la fe es la santa "astucia". Esta santa astucia es también una virtud. Se trata de esa sagacidad espiritual que nos permite reconocer los peligros y evitarlos. Los Magos supieron usar esta luz de "astucia" cuando, de regreso a su tierra, decidieron no pasar por el palacio tenebroso de Herodes, sino marchar por otro camino. Estos sabios venidos de Oriente nos enseñan a no caer en las asechanzas de las tinieblas y a defendernos de la oscuridad que pretende cubrir nuestra vida. Ellos, con esta santa "astucia", han protegido la fe.

En la fiesta de la Epifanía, que nos recuerda la manifestación de Jesús a la humanidad en el rostro de un Niño, sintamos cerca a los Magos, como sabios compañeros de camino. Su ejemplo nos anima a levantar los ojos a la estrella y a seguir los grandes deseos de nuestro corazón. Nos enseñan a no contentarnos con una vida mediocre, de "poco calado", sino a dejarnos fascinar siempre por la bondad, la verdad, la belleza.

35

Fe "astuta"

Nosotros también debemos proteger la fe. Protegerla de esa oscuridad. Esa oscuridad que a menudo se disfraza incluso de luz. Porque el demonio, dice san Pablo, muchas veces se viste de ángel de luz. Y entonces es necesaria la santa "astucia" para proteger la fe.

Pero la fe es una gracia, es un don. Y a nosotros nos corresponde protegerla con la santa "astucia", con la oración, con el amor, con la caridad. Es necesario acoger en nuestro corazón la luz de Dios y, al mismo tiempo, practicar aquella astucia espiritual que sabe armonizar la sencillez con la sagacidad, como Jesús pide a sus discípulos: "Sean sagaces como serpientes y simples como palomas" (Mt 10:16).

36

Le fe transforma

La fe transforma toda la persona, precisamente porque la fe se abre al amor. Esta interacción de la fe con el amor nos permite comprender el tipo de conocimiento propio de la fe, su fuerza de convicción, su capacidad de iluminar nuestros pasos. La fe conoce por estar vinculada al amor, en cuanto el mismo amor trae una luz. La comprensión de la fe es la que nace cuando recibimos el gran amor de Dios que nos transforma interiormente y nos da ojos nuevos para ver la realidad.

Todos somos llamados a ofrecer a los demás el testimonio explícito del amor salvífico del Señor, que más allá de nuestras imperfecciones nos ofrece su cercanía, su Palabra, su fuerza y le da un sentido a nuestra vida. Tu corazón sabe que no es lo mismo la vida sin él; eso que has descubierto, eso que te ayuda a vivir y que te da una esperanza, eso es lo que necesitas comunicar a los otros.

37

El testimonio de la fe

Nuestra imperfección no debe ser una excusa; al contrario, la misión es un estímulo constante para no quedarse en la mediocridad y para seguir creciendo. El testimonio de fe que todo cristiano está llamado a ofrecer implica decir como san Pablo: "No es que lo tenga ya conseguido o que ya sea perfecto, sino que continúo mi carrera [. . .] y me lanzo a lo que está por delante" (Flp 3:12–13).

Cuando vivimos la mística de acercarnos a los demás y de buscar su bien, ampliamos nuestro interior para recibir los más hermosos regalos del Señor. Cada vez que nos encontramos con un ser humano en el amor, quedamos capacitados para descubrir algo nuevo de Dios. Cada vez que se nos abren los ojos para reconocer al otro, se nos ilumina más la fe para reconocer a Dios.

38
Tener fe

¿Qué puedo hacer yo que me siento débil, frágil, pecador? Dios te dice: no tengas miedo de la santidad, no tengas miedo de apuntar alto, de dejarte amar y purificar por Dios, no tengas miedo de dejarte guiar por el Espíritu Santo. Dejémonos contagiar por la santidad de Dios. Cada cristiano está llamado a la santidad y la santidad no consiste ante todo en hacer cosas extraordinarias, sino en dejar actuar a Dios. Es el encuentro de nuestra debilidad con la fuerza de su gracia, es tener confianza en su acción lo que nos permite vivir en la caridad, hacer todo con alegría y humildad para la gloria de Dios y en el servicio al prójimo.

Hay una frase célebre del escritor francés Léon Bloy; en los últimos momentos de su vida decía: "Existe una sola tristeza en la vida, la de no ser santos". No perdamos la esperanza en la santidad, recorramos todos este camino. ¿Queremos ser santos? El Señor nos espera a todos con los brazos abiertos; nos espera para acompañarnos en este camino de la santidad. Vivamos con alegría nuestra fe, dejémonos amar por el Señor. . . pidamos este don a Dios en la oración, para nosotros y para los demás.

39

La fe y la duda

Pienso que alguien podría preguntarme: "Padre, pero yo tengo muchas dudas sobre la fe, ¿qué tengo que hacer? ¿Usted nunca tiene dudas?". Tengo muchas... ¡Claro que en algunos momentos a todos nos entran dudas! Las dudas que tocan la fe, en sentido positivo, son la señal de que queremos conocer mejor y más a fondo a Dios, Jesús, y el misterio de su amor hacia nosotros. "Pero, yo tengo esta duda: busco, estudio, veo o pido consejo sobre cómo hacer". ¡Estas son dudas que hacen crecer! Es un bien entonces que nos planteemos preguntas sobre nuestra fe, porque de esa manera estamos impulsados a profundizar en ella.

Las dudas, de todos modos, hay que superarlas. Por ello es necesario escuchar la Palabra de Dios y comprender lo que nos enseña. Una vía importante que ayuda mucho en esto es la de la catequesis, con la cual el anuncio de la fe sale a nuestro encuentro en el aspecto concreto de la vida personal y comunitaria. Y hay, al mismo tiempo, otra senda igualmente importante: la de vivir lo más posible la fe.

40

La fe es fidelidad

No hagamos de la fe una teoría abstracta donde las dudas se multipliquen. Hagamos más bien de la fe nuestra vida. Intentemos practicarla a través del servicio a los hermanos, especialmente de los más necesitados. Entonces muchas dudas desaparecen, porque sentimos la presencia de Dios y la verdad del Evangelio en el amor que, sin nuestro mérito, vive en nosotros y compartimos con los demás.

Yo me pregunto: ¿Soy un cristiano a ratos o soy siempre cristiano? La cultura de lo provisional, de lo relativo entra también en la vida de fe. Dios nos pide que le seamos fieles cada día en las cosas ordinarias y añade que, a pesar de que a veces no somos fieles, él siempre es fiel y con su misericordia no se cansa de tendernos la mano para levantarnos, para animarnos a retomar el camino, a volver a él y confesarle nuestra debilidad para que él nos dé su fuerza. Y este es el camino definitivo: siempre con el Señor, también en nuestras debilidades, también en nuestros pecados. No ir jamás por el camino de lo provisional. La fe es fidelidad definitiva, como la de María.

41

El conocimiento de la fe

El conocimiento de la fe, por nacer del amor de Dios que establece la alianza, ilumina un camino en la historia. Por eso, en la Biblia, verdad y fidelidad van unidas: el Dios verdadero es el Dios fiel, aquel que mantiene sus promesas y permite comprender su designio a lo largo del tiempo.

El conocimiento de la fe ilumina no solo el camino particular de un pueblo, sino la historia completo del mundo creado, desde su origen hasta su consumación.

42

Proteger la fe

En este tiempo es muy importante: proteger la fe. Tenemos que ir más allá, más allá de la oscuridad, más allá de la atracción de las sirenas, más allá de la mundanidad, más allá de tantas modernidades que existen hoy e ir hacia Belén, allí donde en la sencillez de una casa de la periferia, entre una mamá y un papá llenos de amor y de fe, resplandece el sol que nace de lo alto, el rey del universo. A ejemplo de los Magos, con nuestras pequeñas luces busquemos la luz y protejamos la fe. Así sea.

43

La obediencia de la fe

El conocimiento asociado a la palabra es siempre personal: reconoce la voz, la acoge en libertad y la sigue en obediencia. Por eso san Pablo habla de la "obediencia de la fe". La fe es, además, un conocimiento vinculado al transcurrir del tiempo, necesario para que la palabra se pronuncie: es un conocimiento que se aprende solo en un camino de seguimiento. La escucha ayuda a representar bien el nexo entre conocimiento y amor.

La verdad que la fe nos desvela está centrada en el encuentro con Cristo, en la contemplación de su vida, en la percepción de su presencia.

44

La fe recta

La fe recta orienta la razón a abrirse a la luz que viene de Dios, para que, guiada por el amor a la verdad, pueda conocer a Dios más profundamente. Los grandes doctores y teólogos medievales han indicado que la teología, como ciencia de la fe, es una participación en el conocimiento que Dios tiene de sí mismo. La teología, por tanto, no es solamente palabra sobre Dios, sino ante todo acogida y búsqueda de una inteligencia más profunda de esa palabra que Dios nos dirige, palabra que Dios pronuncia sobre sí mismo, porque es un diálogo eterno de comunión y admite al hombre dentro de este diálogo.

Así pues, la humildad que se deja "tocar" por Dios forma parte de la teología, reconoce sus límites ante el misterio y se lanza a explorar, con la disciplina propia de la razón, las insondables riquezas de este misterio.

45
La fe despierta

La luz de la fe, unida a la verdad del amor, no es ajena al mundo material, porque el amor se vive siempre en cuerpo y alma; la luz de la fe es una luz encarnada, que procede de la vida luminosa de Jesús. Ilumina incluso la materia, confía en su ordenamiento, sabe que en ella se abre un camino de armonía y de comprensión cada vez más amplio.

La mirada de la ciencia se beneficia así de la fe: esta invita al científico a estar abierto a la realidad, en toda su riqueza inagotable. La fe despierta el sentido crítico, en cuanto que no permite que la investigación se conforme con sus fórmulas y la ayuda a darse cuenta de que la naturaleza no se reduce a ellas. Invitando a maravillarse ante el misterio de la creación, la fe ensancha los horizontes de la razón para iluminar mejor el mundo que se presenta a los estudios de la ciencia.

46

La fe y la razón

La fe no le tiene miedo a la razón; al contrario, la busca y confía en ella, porque "la luz de la razón y la de la fe provienen ambas de Dios" (Santo Tomás de Aquino), y no pueden contradecirse entre sí. La evangelización está atenta a los avances científicos para iluminarlos con la luz de la fe y de la ley natural, en orden a procurar que respeten siempre la centralidad y el valor supremo de la persona humana en todas las fases de su existencia. Toda la sociedad puede verse enriquecida gracias a este diálogo que abre nuevos horizontes al pensamiento y amplía las posibilidades de la razón. También este es un camino de armonía y de pacificación.

La Iglesia no pretende detener el admirable progreso de las ciencias. Al contrario, se alegra e incluso disfruta reconociendo el enorme potencial que Dios ha dado a la mente humana. Cuando el desarrollo de las ciencias, manteniéndose con rigor académico en el campo de su objeto específico, vuelve evidente una determinada conclusión que la razón no puede negar, la fe no la contradice.

Los creyentes tampoco pueden pretender que una opinión científica que les agrada y que ni siquiera ha sido suficientemente comprobada, adquiera el peso de un dogma de fe. Pero, en ocasiones, algunos científicos van más allá del objeto formal de su disciplina y se extralimitan con afirmaciones o conclusiones que exceden el campo de la propia ciencia. En ese caso, no es la razón lo que se propone, sino una determinada ideología que cierra el camino a un diálogo auténtico, pacífico y fructífero.

47

La fe y los sacramentos

Nuestra fe no es una idea abstracta ni una filosofía, sino la relación vital y plena con una persona: Jesucristo, el Hijo único de Dios que se hizo hombre, murió y resucitó para salvarnos y vive entre nosotros. ¿Dónde lo podemos encontrar? Lo encontramos en la Iglesia, en nuestra Santa Madre Iglesia jerárquica. Es la Iglesia la que dice hoy: "Este es el Cordero de Dios"; es la Iglesia quien lo anuncia; es en la Iglesia donde Jesús sigue haciendo sus gestos de gracia que son los sacramentos.

Los sacramentos comunican una memoria encarnada, ligada a los tiempos y lugares de la vida, asociada a todos los sentidos; implican a la persona, como miembro de un sujeto vivo, de un tejido de relaciones comunitarias. Por eso, si bien, por una parte, los sacramentos son sacramentos de la fe, también se debe decir que la fe tiene una estructura sacramental. El despertar de la fe pasa por el despertar de un nuevo sentido sacramental de la vida del hombre y de la existencia cristiana, en el que lo visible y material está abierto al misterio de lo eterno.

48

La fe y la Iglesia

El Bautismo nos introduce en el cuerpo de la Iglesia, en el pueblo santo de Dios. Y en este cuerpo, en este pueblo en camino, la fe se transmite de generación en generación: es la fe de la Iglesia. Es la fe de María, nuestra Madre, la fe de san José, de san Pedro, de san Andrés, de san Juan, la fe de los Apóstoles y de los mártires, que llegó hasta nosotros a través del Bautismo: una cadena de trasmisión de fe. ¡Es tan bonito esto!

49

La fe es luz

La fe es luz: en la ceremonia del Bautismo se os dará una vela encendida, como en los primeros tiempos de la Iglesia. El Bautismo, en esos tiempos, se llamaba "iluminación", porque la fe ilumina el corazón, hace ver las cosas con otra luz. Vosotros habéis pedido la fe: la Iglesia da la fe a vuestros hijos con el Bautismo y vosotros tenéis el deber de hacerla crecer, cuidarla y que se convierta en testimonio para todos los demás. Este es el sentido de esta ceremonia. Y solamente quería deciros esto: cuidad la fe; hacedla crecer; que sea testimonio para los demás.

El Bautismo nos recuerda así que la fe no es obra de un individuo aislado, no es un acto que el hombre pueda realizar contando solo con sus fuerzas, sino que tiene que ser recibida, entrando en la comunión eclesial que transmite el don de Dios: nadie se bautiza a sí mismo, igual que nadie nace por su cuenta. Hemos sido bautizados.

50

Los sacramentos: dones de fe

La estructura del Bautismo destaca la importancia de la sinergia entre la Iglesia y la familia en la transmisión de la fe. A los padres corresponde, como dijo san Agustín, no solo engendrar a los hijos, sino también llevarlos a Dios, para que sean regenerados como hijos de Dios por el Bautismo y reciban el don de la fe. Junto a la vida, les dan así la orientación fundamental de la existencia y la seguridad de un futuro de bien, orientación que será después corroborada en el sacramento de la Confirmación con el sello del Espíritu Santo.

La Eucaristía es un acto de memoria, actualización del misterio, en el cual el pasado, como acontecimiento de muerte y resurrección, muestra su capacidad de abrir al futuro, de anticipar la plenitud final. En la Eucaristía aprendemos a ver la profundidad de la realidad. El pan y el vino se transforman en el Cuerpo y Sangre de Cristo, que se hace presente en su camino pascual hacia el Padre: este movimiento nos introduce, en cuerpo y alma, en el movimiento de toda la creación hacia su plenitud en Dios.

51

La fe gozosa

La gracia de los Sacramentos alimenta en nosotros una fe fuerte y gozosa, una fe que sabe asombrarse ante las "maravillas" de Dios y sabe resistir a los ídolos del mundo. Por ello, es importante recibir la Comunión, es importante que los niños estén bautizados pronto, que estén confirmados, porque los sacramentos son la presencia de Jesucristo en nosotros, una presencia que nos ayuda.

52

El amor fiel de Dios

Cada persona humana está llamada a encontrar al Señor en su vida. La fe cristiana es un don que recibimos con el Bautismo y que nos permite encontrar a Dios. La fe atraviesa tiempos de alegría y de dolor, de luz y de oscuridad, como en toda auténtica experiencia de amor.

Que la Virgen María, modelo de meditación de las palabras y de los gestos del Señor, nos ayude a redescubrir con fe la belleza y la riqueza de la Eucaristía y de los otros sacramentos, que hacen presente el amor fiel de Dios por nosotros. Así podremos enamorarnos cada vez más del Señor Jesús, nuestro Esposo, e ir a su encuentro con las lámparas encendidas de nuestra fe alegre, convirtiéndonos así en sus testigos en el mundo.

53

La vida de fe

La vida de fe consiste en el deseo de estar con el Señor y en una búsqueda continua del lugar donde él habita. Esto significa que estamos llamados a superar una religiosidad rutinaria y predecible, reavivando el encuentro con Jesús en la oración, en la meditación de la Palabra de Dios y frecuentando los sacramentos para estar con él y dar fruto gracias a él, a su ayuda y a su gracia.

En la víspera de su pasión, Jesús se entregó a sus apóstoles bajo los signos del pan y del vino. En el don de la Eucaristía no solo reconocemos con los ojos de la fe el don de su cuerpo y de su sangre, sino que también aprendemos cómo *encontrar descanso en sus heridas* y a ser purificados allí de todos nuestros pecados y de nuestros caminos errados. Queridos hermanos y hermanas, que encontrando refugio en las heridas de Cristo podáis saborear el bálsamo saludable de la misericordia del Padre y encontrar la fuerza para llevarlo a los demás, para ungir cada herida y recuerdo doloroso. De esta manera, seréis testigos fieles de la reconciliación y la paz que Dios quiere que reine en todos los corazones de los hombres y en todas las comunidades.

54

Confesar nuestra fe

Quien confiesa la fe se ve implicado en la verdad que confiesa. No puede pronunciar con verdad las palabras del Credo sin ser transformado, sin hacerse parte de la historia de amor que lo abraza, que dilata su ser haciéndolo parte de la comunión grande. . . que es la Iglesia. Todas las verdades en que creemos proclaman el misterio de la vida nueva de la fe como camino de comunión con el Dios vivo.

La fe es también creer en Dios, creer que es verdad que nos ama, que vive, que es capaz de intervenir misteriosamente, que no nos abandona, que saca bien del mal con su poder y con su infinita creatividad. Es creer que él marcha victorioso en la historia "en unión con los suyos, los llamados, los elegidos y los fieles" (Ap 17:14).

55

Una actitud de fe

Con una actitud de fe podemos comprender el sentido del "pan de la vida" que Jesús nos dona, y que él expresa así: "Yo soy el pan vivo bajado del cielo. El que coma de este pan vivirá eternamente, y el pan que yo daré es mi carne para la vida del mundo" (Jn 6:51, 56–58). En Jesús, en su "carne" —es decir, en su concreta humanidad— está presente todo el amor de Dios, que es el Espíritu Santo. Quien se deja atraer por este amor va hacia Jesús y va con fe y recibe de él la vida, la vida eterna.

56

La fe y la creación

La fe, revelándonos el amor de Dios, nos hace respetar más la naturaleza, pues nos hace reconocer en ella una gramática escrita por él y una morada que nos ha confiado para cultivarla y salvaguardarla.

La fe también nos invita a buscar modelos de desarrollo que no se basen solo en la utilidad y el provecho, sino que consideren la creación como un don del que todos somos deudores; nos enseña a identificar formas de gobierno justas, reconociendo que la autoridad viene de Dios para estar al servicio del bien común.

57

La fe y el perdón

La fe afirma también la posibilidad del perdón, que muchas veces necesita tiempo, esfuerzo, paciencia y compromiso; perdón posible cuando se descubre que el bien es siempre más originario y más fuerte que el mal, que la palabra con la que Dios afirma nuestra vida es más profunda que todas nuestras negaciones. Por lo demás, incluso desde un punto de vista simplemente antropológico, la unidad es superior al conflicto; hemos de contar también con el conflicto, pero experimentarlo debe llevarnos a resolverlo, a superarlo, transformándolo en un eslabón de una cadena, en un paso más hacia la unidad.

Hoy creyentes y no creyentes estamos de acuerdo en que la tierra es esencialmente una herencia común, cuyos frutos deben beneficiar a todos. Para los creyentes, esto se convierte en una cuestión de fidelidad al Creador, porque Dios creó el mundo para todos. Por consiguiente, todo planteamiento ecológico debe incorporar una perspectiva social que tenga en cuenta los derechos fundamentales de los más postergados. El principio de la subordinación de la propiedad privada al destino universal de los bienes y, por tanto, el derecho universal a su uso es una "regla de oro" del comportamiento social y el "primer principio de todo el ordenamiento ético-social" (Juan Pablo II, Carta Encíclica *Laborem Exercens*, 14 de Septiembre de 1981).

58

Coherentes con nuestra fe

En todo caso, habrá que interpelar a los creyentes a ser coherentes con su propia fe y a no contradecirla con sus acciones, habrá que reclamarles que vuelvan a abrirse a la gracia de Dios y a beber en lo más hondo de sus propias convicciones sobre el amor, la justicia y la paz.

Si una mala comprensión de nuestros propios principios a veces nos ha llevado a justificar el maltrato a la naturaleza o el dominio despótico del ser humano sobre lo creado o las guerras, la injusticia y la violencia, los creyentes podemos reconocer que de esa manera hemos sido infieles al tesoro de sabiduría que debíamos custodiar.

59

Fe y responsabilidad

Para el creyente el mundo no se contempla desde fuera sino desde dentro, reconociendo los lazos con los que el Padre nos ha unido a todos los seres. Además, haciendo crecer las capacidades peculiares que Dios le ha dado, la conversión ecológica lleva al creyente a desarrollar su creatividad y su entusiasmo para resolver los dramas del mundo, ofreciéndose a Dios.

No entiende su superioridad como motivo de gloria personal o de dominio irresponsable, sino como una capacidad diferente, que a su vez le impone una grave responsabilidad que brota de su fe.

60
La fe en la vida pública

La Carta a los Hebreos afirma: "Dios no tiene reparo en llamarse su Dios: porque les tenía preparada una ciudad". La expresión "no tiene reparo" hace referencia a un reconocimiento público. Indica que Dios, con su intervención concreta, con su presencia entre nosotros, confiesa públicamente su deseo de dar consistencia a las relaciones humanas. ¿Seremos en cambio nosotros los que tendremos reparo en llamar a Dios nuestro Dios? ¿Seremos capaces de no confesarlo como tal en nuestra vida pública, de no proponer la grandeza de la vida común que él hace posible?

Cuando la fe se apaga se corre el riesgo de que los fundamentos de la vida se debiliten con ella. Si hiciésemos desaparecer la fe en Dios de nuestras ciudades se debilitaría la confianza entre nosotros, pues quedaríamos unidos solo por el miedo y la estabilidad estaría comprometida.

61
La fe ilumina la vida y la sociedad

La fe ilumina la vida en sociedad. Pone todos los acontecimientos en relación con el origen y el destino de todo en el Padre que nos ama.

La fe se enfrenta hoy con el desafío de la proliferación de nuevos movimientos religiosos, algunos tendientes al fundamentalismo y otros que parecen proponer una espiritualidad sin Dios. Esto es, por una parte, el resultado de una reacción humana frente a la sociedad materialista, consumista e individualista y, por otra parte, un aprovechamiento de las carencias de la población que vive en las periferias y zonas empobrecidas, que sobrevive en medio de grandes dolores humanos y busca soluciones inmediatas para sus necesidades.

Hoy, más que el ateísmo, se nos plantea el desafío de responder adecuadamente a la sed de Dios de mucha gente, para que no busquen apagarla en propuestas alienantes o en un Jesucristo sin carne y sin compromiso con el otro. Si no encuentran en la Iglesia una espiritualidad que los sane, los libere, los llene de vida y de paz al mismo tiempo que los convoque a la comunión solidaria y a la fecundidad misionera, terminarán engañados por propuestas que no humanizan ni dan gloria a Dios.

62

La fe y el sufrimiento

La fe, incluso si es pequeña como un grano de mostaza, es capaz de mover montañas. Cuántas veces la fuerza de la fe ha permitido pronunciar la palabra *perdón* en condiciones humanamente imposibles. Personas que han padecido violencias o abusos en sí mismas o en sus seres queridos o en sus bienes. Solo la fuerza de Dios, la misericordia, puede curar ciertas heridas.

Donde se responde a la violencia con el perdón, allí también el amor que derrota toda forma de mal puede conquistar el corazón de quien se ha equivocado. Y así, entre las víctimas y entre los culpables, Dios suscita auténticos testigos y obreros de la misericordia.

63

La fe es esperanza

La luz de la fe no disipa todas nuestras tinieblas, sino que, como una lámpara, guía nuestros pasos en la noche, y esto basta para caminar. Al hombre que sufre, Dios no le da un razonamiento que explique todo, sino que le responde con una presencia que lo acompaña, con una historia de bien que se une a toda historia de sufrimiento, para abrir en ella un resquicio de luz. En Cristo, Dios mismo ha querido compartir con nosotros este camino y ofrecernos su mirada para darnos luz. Cristo es aquel que, habiendo soportado el dolor, "inició y completa nuestra fe" (Hb 12:2).

El sufrimiento nos recuerda que el servicio de la fe al bien común es siempre un servicio de esperanza, que mira adelante, sabiendo que solo en Dios, en el futuro que viene de Jesús resucitado, puede encontrar nuestra sociedad cimientos sólidos y duraderos. En este sentido, la fe va de la mano de la esperanza porque, aunque nuestra morada terrenal se destruye, tenemos una mansión eterna que Dios ha inaugurado ya en Cristo, en su cuerpo.

64

La llama de la fe en la oscuridad

La oscuridad de la muerte se debe afrontar con un trabajo de amor más intenso. "Dios mío, ilumina mi oscuridad", es la invocación de la liturgia de la tarde. En la luz de la Resurrección del Señor, que no abandona a ninguno de los que el Padre le ha confiado, nosotros podemos quitar a la muerte su "aguijón", como decía el apóstol Pablo; podemos impedir que envenene nuestra vida, que haga vanos nuestros afectos, que nos haga caer en el vacío más oscuro.

Somos todos pequeños e indefensos delante del misterio de la muerte. Pero, ¡qué gracia si en ese momento custodiamos en el corazón la llama de la fe! Jesús nos tomará de la mano, como tomó a la hija de Jairo, y repetirá una vez más: *Talitá kum*, "muchacha, levántate". Lo dirá a nosotros, a cada uno de nosotros: "¡Levántate, resucita!".

Yo os invito, ahora, a cerrar los ojos y a pensar en ese momento de nuestra muerte. Cada uno de nosotros que piense en la propia muerte, y se imagine ese momento que tendrá lugar, cuando Jesús nos tomará de la mano y nos dirá: "Ven, ven conmigo, levántate".

65
Fe humilde

¿Cómo nos desafía el Señor al hablar de la fe? Nos dice: "Si tuvierais fe como un granito de mostaza, diríais a esa morera: 'Arráncate de raíz y plántate en el mar', y os obedecería" (Lc 17:5–6). La semilla de la mostaza es pequeñísima, pero Jesús dice que basta tener una fe así, pequeña, pero auténtica, sincera, para hacer cosas humanamente imposibles, impensables. ¡Y es verdad! Todos conocemos a personas sencillas, humildes, pero con una fe muy firme, que de verdad mueve montañas.

Pensemos, por ejemplo, en algunas mamás y papás que afrontan situaciones muy difíciles; o en algunos enfermos, incluso gravísimos, que transmiten serenidad a quien va a visitarlos. Estas personas, precisamente por su fe, no presumen de lo que hacen, es más, como pide Jesús en el Evangelio, dicen: "Somos siervos inútiles, hemos hecho lo que teníamos que hacer" (Lc 17:10). Cuánta gente entre nosotros tiene esta fe fuerte, humilde, que hace tanto bien.

66

La fe de María

María fue testigo silenciosa de los eventos de la pasión y de la Resurrección de Jesús. Ella estuvo de pie junto a la cruz: no se dobló ante el dolor, sino que su fe la fortaleció. En su corazón desgarrado de madre permaneció siempre encendida la llama de la esperanza.

Pidámosle que nos ayude también a nosotros a acoger en plenitud el anuncio pascual de la Resurrección, para encarnarlo en lo concreto de nuestra vida cotidiana. Que la Virgen María nos done la certeza de la fe, para que cada sufrido paso de nuestro camino, iluminado por la luz de la Pascua, se convierta en bendición y alegría para nosotros y para los demás, especialmente para los que sufren a causa del egoísmo y de la indiferencia.

67
María como modelo de nuestra fe

¿En qué sentido María representa un modelo para la fe de la Iglesia? Pensemos en quién era la Virgen María: una muchacha judía, que esperaba con todo el corazón la redención de su pueblo. Pero en aquel corazón de joven hija de Israel había un secreto que ella misma todavía no conocía: en el proyecto de amor de Dios estaba destinada a convertirse en la Madre del Redentor.

En María, Hija de Sión, se cumple la larga historia de fe del Antiguo Testamento, que incluye la historia de tantas mujeres fieles, comenzando por Sara. Mujeres que, junto a los patriarcas, fueron testigos del cumplimiento de las promesas de Dios y del surgimiento de la vida nueva. En la plenitud de los tiempos, la Palabra de Dios fue dirigida a María y ella la acogió con todo su ser, en su corazón, para que tomase carne en ella y naciese como luz para los hombres.

68

María, una fe que da fruto

En la Madre de Jesús la fe ha dado su mejor fruto y cuando nuestra vida espiritual da fruto, nos llenamos de alegría, que es el signo más evidente de la grandeza de la fe. En su vida, María ha realizado la peregrinación de la fe, siguiendo a su Hijo. Así, en María, el camino de fe del Antiguo Testamento es asumido en el seguimiento de Jesús y se deja transformar por él, entrando a formar parte de la mirada única del Hijo de Dios encarnado.

Pero la verdadera maternidad de María ha asegurado para el Hijo de Dios una verdadera historia humana, una verdadera carne, en la que morirá en la cruz y resucitará de los muertos. María lo acompañará hasta la cruz, desde donde su maternidad se extenderá a todos los discípulos de su Hijo. También estará presente en el cenáculo, después de la resurrección y de la ascensión, para implorar el don del Espíritu con los apóstoles.

69

Iluminados por la fe de María

María vivió estas cosas en los años de Nazaret, mientras Jesús crecía: Este es el comienzo del Evangelio, o sea, de la buena y agradable nueva. No es difícil, pues, notar en este inicio una particular fatiga del corazón, unida a una especie de "noche de la fe" —usando una expresión de san Juan de la Cruz—, como un "velo" a través del cual hay que acercarse al Invisible y vivir en intimidad con el misterio. Pues de este modo María, durante muchos años, permaneció en intimidad con el misterio de su Hijo, y avanzaba en su itinerario de fe.

Podemos hacernos una pregunta: ¿nos dejamos iluminar por la fe de María, que es nuestra Madre? ¿O bien la pensamos lejana, demasiado distinta de nosotros? En los momentos de dificultad, de prueba, de oscuridad, ¿la miramos como modelo de confianza en Dios, que quiere siempre y solo nuestro bien? Pensemos en esto, tal vez nos hará bien volver a encontrar a María como modelo y figura de la Iglesia en esta fe que ella tenía.

70

La fe de nuestra Madre

La fe de María se inicia con una actitud de fe, que consiste en escuchar la Palabra de Dios para abandonarse a esta palabra con plena disponibilidad de mente y de corazón. Al responder al ángel, María dijo: "He aquí la esclava del Señor; hágase en mí según tu palabra" (Lc 1:38). En su "heme aquí" lleno de fe, María no sabe por cuáles caminos tendrá que arriesgarse, qué dolores tendrá que sufrir, qué riesgos afrontar. Pero es consciente de que es el Señor quien se lo pide y ella se fía totalmente de él, se abandona a su amor. Esta es la fe de María.

El Evangelio nos muestra también cuál es el motivo más profundo de la grandeza de María y de su dicha: el motivo es la fe. De hecho, Isabel la saluda con estas palabras: "Bienaventurada la que ha creído, porque lo que ha dicho el Señor se cumplirá" (Lc 1:45). La fe es el corazón de toda la historia de María; ella es la creyente, la gran creyente; ella sabe —y lo dice— que en la historia pesa la violencia de los prepotentes, el orgullo de los ricos, la arrogancia de los soberbios. Aún así, María cree y proclama que Dios no deja solos a sus hijos, humildes y pobres, sino que los socorre con misericordia, con atención, derribando a los poderosos de sus tronos, dispersando a los orgullosos en las tramas de sus corazones. Esta es la fe de nuestra madre, esta es la fe de María.

71

La misericordiosa fe de María

María es un modelo de virtud y fe. Al contemplar su asunción al cielo, la realización final de su viaje terrenal, le damos gracias porque siempre nos precede en la peregrinación de la vida y la fe: es la primera discípula. Y le pedimos velar por nosotros y que nos ayude para tener una fe fuerte, alegre y compasiva; que nos ayude a ser santos, para reunirnos con ella un día en el paraíso.

Pero la maternidad de María no se reduce a esto: gracias a su fe, ella es también la primera discípula de Jesús y esto "dilata" su maternidad. Será la fe de María la que provoque en Caná el primer "signo" milagroso, que contribuye a suscitar la fe de los discípulos. Con la misma fe, María está presente a los pies de la cruz y recibe como hijo al apóstol Juan; y finalmente, después de la Resurrección, se convierte en madre orante de la Iglesia sobre la cual desciende con poder el Espíritu Santo en el día de Pentecostés.

72

El camino de fe de María

María ha dicho "sí" a Dios, un "sí" que ha cambiado su humilde existencia de Nazaret. Pero no ha sido el único, más bien ha sido el primero de otros muchos "sí" pronunciados en su corazón tanto en sus momentos gozosos como en los dolorosos; todos estos "sí" culminaron en el pronunciado bajo la cruz. Piensen hasta qué punto ha llegado la fidelidad de María a Dios: hasta ver a su Hijo único en la cruz. La mujer fiel, de pie, destrozada por dentro, pero fiel y fuerte.

María ha estado siempre presente en el corazón, en la devoción y, sobre todo, en el camino de fe del pueblo cristiano. "La Iglesia camina en el tiempo... Pero en este camino procede recorriendo de nuevo el itinerario realizado por la Virgen María" (*Redemptoris Master, 2*).

Nuestro itinerario de fe es igual al de María, y por eso la sentimos particularmente cercana a nosotros. Por lo que respecta a la fe, que es el quicio de la vida cristiana, la Madre de Dios ha compartido nuestra condición, ha debido caminar por los mismos caminos que recorremos nosotros, a veces difíciles y oscuros, ha debido avanzar en "la peregrinación de la fe" (*Lumen gentium, 58*).

73

Una fe que no decae

Nuestro camino de fe está unido de manera indisoluble a María desde el momento en que Jesús, muriendo en la cruz, nos la ha dado como madre diciendo: "He ahí a tu madre" (Jn 19:27). Estas palabras tienen un valor de testamento y dan al mundo una madre. Desde ese momento, la Madre de Dios se ha convertido también en nuestra madre. En aquella hora en la que la fe de los discípulos se agrietaba por tantas dificultades e incertidumbres, Jesús les confió a aquella que fue la primera en creer y cuya fe no decaería jamás. La "mujer" se convierte en nuestra madre en el momento en el que pierde al Hijo divino. Su corazón herido se ensancha para acoger a todos los hombres, buenos y malos, a todos, y los ama como los amaba Jesús.

74

La familia y la fe

El Salmo 78 exalta el anuncio familiar de la fe: "Lo que oímos y aprendimos, / lo que nuestros padres nos contaron, / no lo ocultaremos a sus hijos, / lo contaremos a la futura generación: / las alabanzas del Señor, su poder, / las maravillas que realizó. / Porque él estableció una norma para Jacob, / dio una ley a Israel: / él mandó a nuestros padres / que lo enseñaran a sus hijos, / para que lo supiera la generación siguiente, / y los hijos que nacieran después. / Que surjan y lo cuenten a sus hijos".

Por lo tanto, la familia es el lugar donde los padres se convierten en los primeros maestros de la fe para sus hijos. Es una tarea artesanal, de persona a persona: "Cuando el día de mañana tu hijo te pregunte. . . le responderás. . ." (Éx 13:14). Así, las distintas generaciones entonarán su canto al Señor, "los jóvenes y también las doncellas, los viejos junto con los niños" (Sal 148:12).

75

La fe es don de Dios

La educación de los hijos debe estar marcada por un camino de transmisión de la fe, que se dificulta por el estilo de vida actual, por los horarios de trabajo, por la complejidad del mundo de hoy, donde muchos llevan un ritmo frenético para poder sobrevivir. Sin embargo, el hogar debe seguir siendo el lugar donde se enseñe a percibir las razones y la hermosura de la fe, a rezar y a servir al prójimo. Esto comienza en el Bautismo, donde, como decía san Agustín, las madres que llevan a sus hijos "cooperan con el parto santo". Después comienza el camino del crecimiento de esa vida nueva.

La fe es don de Dios, recibido en el Bautismo, y no es el resultado de una acción humana, pero los padres son instrumentos de Dios para su maduración y desarrollo. La transmisión de la fe supone que los padres vivan la experiencia real de confiar en Dios, de buscarlo, de necesitarlo, porque solo de ese modo "una generación pondera tus obras a la otra, y le cuenta tus hazañas" (Sal 145:4) y "el padre enseña a sus hijos tu fidelidad" (Is 38:19).

76

La educación y la fe

La educación en la fe sabe adaptarse a cada hijo, porque los recursos aprendidos o las recetas a veces no funcionan. Los niños necesitan símbolos, gestos, narraciones. Los adolescentes suelen entrar en crisis con la autoridad y con las normas, por lo cual conviene estimular sus propias experiencias de fe y ofrecerles testimonios luminosos que se impongan por su sola belleza.

Los padres que quieren acompañar la fe de sus hijos están atentos a sus cambios, porque saben que la experiencia espiritual no se impone sino que se propone libremente. Es fundamental que los hijos vean de una manera concreta que para sus padres la oración es realmente importante. Por eso los momentos de oración en familia y las expresiones de la piedad popular pueden tener mayor fuerza evangelizadora que todas las catequesis y que todos los discursos.

77

Las familias y la fe

Nos podemos preguntar: ¿De qué manera, en familia, conservamos nosotros la fe? ¿La tenemos para nosotros, en nuestra familia, como un bien privado, como una cuenta bancaria, o sabemos compartirla con el testimonio, con la acogida, con la apertura hacia los demás? Todos sabemos que las familias, especialmente las más jóvenes, van con frecuencia "a la carrera", muy ocupadas; pero ¿han pensado alguna vez que esta "carrera" puede ser también la carrera de la fe?

Gracias a la fe somos engendrados por Dios. Es lo que sucede en el Bautismo. Hemos escuchado al apóstol Juan: "Todo el que cree que Jesús es el Cristo ha nacido de Dios" (1 Jn 5:1). En esta fe son bautizados vuestros hijos. Hoy es *vuestra* fe, queridos padres, padrinos y madrinas. Es la fe de la Iglesia, en la cual estos pequeños reciben el Bautismo. Pero mañana, con la gracia de Dios, será *su* fe, su "sí" personal a Jesucristo, que nos dona el amor del Padre.

78

La transmisión de la fe

¿Cómo vivimos el amor fiel de Dios hacia nosotros? Existe siempre el riesgo de olvidar ese amor grande que el Señor nos ha mostrado. También nosotros, cristianos, corremos el riesgo de dejarnos paralizar por los miedos del futuro y buscar seguridades en cosas que pasan, o en un modelo de sociedad cerrada que busca excluir más que incluir.

Tras las huellas de los santos, también nosotros podemos vivir la alegría del Evangelio practicando la misericordia; podemos compartir las dificultades de mucha gente, de las familias, especialmente las más frágiles y marcadas por la crisis económica. Las familias tienen necesidad de sentir la caricia maternal de la Iglesia para seguir adelante en la vida conyugal, en la educación de los hijos, en el cuidado de los ancianos y también en la transmisión de la fe a las jóvenes generaciones.

79

La fe abre la ventana

La fe abre la "ventana" a la presencia actuante del Espíritu y nos muestra que, como la felicidad, la santidad está siempre ligada a los pequeños gestos. "El que les dé a beber un vaso de agua en mi nombre —dice Jesús, pequeño gesto— no se quedará sin recompensa" (Mc 9:41). Son gestos mínimos que uno aprende en el hogar; gestos de familia que se pierden en el anonimato de la cotidianidad pero que hacen diferente cada jornada. Son gestos de madre, de abuela, de padre, de abuelo, de hijo, de hermanos. Son gestos de ternura, de cariño, de compasión. Son gestos del plato caliente de quien espera a cenar, del desayuno temprano del que sabe acompañar a madrugar. Son gestos de hogar. Es la bendición antes de dormir y el abrazo al regresar de una larga jornada de trabajo. El amor se manifiesta en pequeñas cosas, en la atención mínima a lo cotidiano que hace que la vida siempre tenga sabor a hogar. La fe crece con la práctica y es plasmada por el amor. Por eso, nuestras familias, nuestros hogares, son verdaderas Iglesias domésticas. Es el lugar propio donde la fe se hace vida y la vida crece en la fe.

80

El dialecto de la fe

Quisiera deciros solo una cosa: la transmisión de la fe se puede hacer solo "en dialecto", en el dialecto de la familia, en el dialecto de papá y mamá, del abuelo, de la abuela. Después llegarán los catequistas para desarrollar esta primera transmisión con ideas, con explicaciones... Pero no os olvidéis de esto: se hace "en dialecto" y si falta el dialecto, si en casa no se habla entre los padres en la lengua del amor, la transmisión no es tan fácil, no se podrá hacer. No os olvidéis. Vuestra tarea es transmitir la fe, pero hacerlo con el dialecto del amor de vuestra casa, de la familia.

81

"Si *tuvierais* fe. . ."

Tener fe, una fe viva, no es fácil, y de ahí la segunda petición, esa que los apóstoles dirigen al Señor en el Evangelio: "Auméntanos la fe" (Lc 17:6). Es una hermosa súplica, una oración que también nosotros podríamos dirigir a Dios cada día. Pero la respuesta divina es sorprendente y también en este caso da la vuelta a la petición: "Si *tuvierais* fe. . .". Es él quien nos pide a nosotros que tengamos fe. Porque la fe, que es un don de Dios y hay que pedirla siempre, también requiere que nosotros la cultivemos.

82

Una fe que nutre

La oración conserva la fe, sin la oración la fe vacila. Pidamos al
Señor una fe que se convierta en oración incesante, perseverante,
como la da la viuda de la parábola, una fe que se nutre del deseo
de su venida. Y en la oración experimentamos la compasión de
Dios, que como un Padre viene al encuentro de sus hijos lleno
de amor misericordioso.

83

El aliento de la fe es la oración

Cada uno de nosotros, en la propia vida de cada día, puede dar testimonio de Cristo, con la fuerza de la fe. ¿Cómo conseguimos esta fuerza? La tomamos de Dios en la oración. La oración es el respiro de la fe: en una relación de confianza, en una relación de amor, no puede faltar el diálogo y la oración es el diálogo del alma con Dios.

Dios nos invita a orar con insistencia no porque no sabe lo que necesitamos, o porque no nos escucha. Al contrario, él escucha siempre y conoce todo sobre nosotros, con amor. En nuestro camino cotidiano, especialmente en las dificultades, en la lucha contra el mal fuera y dentro de nosotros, el Señor no está lejos, está a nuestro lado; nosotros luchamos con él a nuestro lado y nuestra arma es precisamente la oración, que nos hace sentir su presencia junto a nosotros, su misericordia y su ayuda.

84

Con Dios que es fiel

La lucha contra el mal es dura y larga; requiere paciencia y resistencia, como Moisés, que debía tener los brazos levantados para que su pueblo pudiera vencer. Es así: hay una lucha que conducir cada día; pero Dios es nuestro aliado, la fe en él es nuestra fuerza y la oración es la expresión de esta fe. Por ello Jesús nos asegura la victoria, pero al final se pregunta: "Cuando venga el Hijo del hombre, ¿encontrará esta fe en la tierra?" (Lc 18:8). Si se apaga la fe, se apaga la oración y caminamos en la oscuridad, nos extraviamos en el camino de la vida.

Ninguna comunidad cristiana puede ir adelante sin el apoyo de la oración perseverante. La oración que es el encuentro con Dios: con Dios que nunca falla, con Dios fiel a su palabra, con Dios que no abandona a sus hijos. Jesús se preguntaba: "Dios, ¿no hará justicia a sus elegidos que le gritan día y noche?" (Lc 18:7). En la oración, el creyente expresa su fe, su confianza y Dios expresa su cercanía.

85

Una fe frágil

El Evangelio de Mateo, capítulo 14, nos presenta el episodio de Jesús que camina sobre las aguas del lago. Después de la multiplicación de los panes y los peces, él invitó a los discípulos a subir a la barca e ir a la otra orilla, mientras él despedía a la multitud. Luego se retiró completamente solo a rezar en el monte hasta avanzada la noche. Mientras tanto, en el lago se levantó una fuerte tempestad y precisamente en medio de la tempestad Jesús alcanzó la barca de los discípulos, caminando sobre las aguas del lago. Cuando lo vieron, los discípulos se asustaron, pensando que era un fantasma, pero él los tranquilizó: "Ánimo, soy yo, no tengáis miedo".

Pedro, con su típico impulso, le pidió casi una prueba: "Señor, si eres tú, mándame ir a ti sobre el agua" y Jesús le dijo: "Ven". Pedro bajó de la barca y empezó a caminar sobre las aguas; pero el viento fuerte lo arrolló y comenzó a hundirse. Entonces gritó: "Señor, sálvame" y Jesús extendió la mano y lo agarró. Pedro comienza a hundirse en el momento en que aparta la mirada de Jesús y se deja arrollar por las adversidades que lo rodean. Pero el Señor está siempre allí y cuando Pedro lo invoca, Jesús lo salva del peligro. En el personaje de Pedro, con sus impulsos y sus debilidades, se describe nuestra fe: siempre frágil y pobre, inquieta y con todo victoriosa, la fe del cristiano camina hacia el encuentro del Señor resucitado, en medio de las tempestades y peligros del mundo.

86

De "poca fe"

Este relato es una hermosa imagen de la fe del apóstol Pedro. En la voz de Jesús que le dice "ven", él reconoció el eco del primer encuentro en la orilla de ese mismo lago, e inmediatamente, una vez más, dejó la barca y se dirigió hacia el Maestro. Y caminó sobre las aguas. La respuesta confiada y disponible ante la llamada del Señor permite realizar siempre cosas extraordinarias. Pero Jesús mismo nos dijo que somos capaces de hacer milagros con nuestra fe, la fe en él, la fe en su palabra, la fe en su voz.

La escena final es muy importante. "En cuanto subieron a la barca, amainó el viento. Los de la barca se postraron ante él diciendo: 'Realmente eres Hijo de Dios'". Sobre la barca estaban todos los discípulos, unidos por la experiencia de la debilidad, de la duda, del miedo, de la "poca fe". Pero cuando a esa barca vuelve a subir Jesús, el clima cambia inmediatamente: todos se sienten unidos en la fe en él. Todos, pequeños y asustados, se convierten en grandes en el momento en que se postran de rodillas y reconocen en su maestro al Hijo de Dios. ¡Cuántas veces también a nosotros nos sucede lo mismo! Sin Jesús, lejos de Jesús, nos sentimos asustados e inadecuados hasta el punto de pensar que ya no podemos seguir. ¡Falta la fe! Pero Jesús siempre está con nosotros, tal vez oculto, pero presente y dispuesto a sostenernos.

87

Una fe firme y genuina

La historia de Pedro es una imagen eficaz de la Iglesia: una barca que debe afrontar las tempestades y algunas veces parece estar en la situación de ser arrollada. Lo que la salva no son las cualidades y la valentía de sus hombres, sino la fe, que permite caminar incluso en la oscuridad, en medio de las dificultades. La fe nos da la seguridad de la presencia de Jesús siempre a nuestro lado, con su mano que nos sostiene para apartarnos del peligro. Todos nosotros estamos en esta barca y aquí nos sentimos seguros a pesar de nuestros límites y nuestras debilidades. Estamos seguros sobre todo cuando sabemos ponernos de rodillas y adorar a Jesús, el único Señor de nuestra vida.

88
Sobre esta fe

El Señor tiene en la mente la imagen de construir, la imagen de la comunidad como un edificio. He aquí por qué, cuando escucha la profesión de fe franca de Simón, lo llama "roca" y manifiesta la intención de construir su Iglesia sobre esta fe.

Jesús siente en su corazón una gran alegría, porque reconoce en Simón la mano del Padre, la acción del Espíritu Santo. Reconoce que Dios Padre dio a Simón una fe "fiable", sobre la cual él, Jesús, podrá construir su Iglesia, es decir, su comunidad, con todos nosotros. Jesús tiene el propósito de dar vida a "su" Iglesia, un pueblo fundado ya no en la descendencia, sino en la *fe*, lo que quiere decir en la relación con él mismo, una relación de amor y de confianza. Nuestra relación con Jesús construye la Iglesia. Y, para iniciar su Iglesia, Jesús necesita encontrar en los discípulos una fe sólida, una fe "fiable". Es esto lo que él debe verificar en este punto del camino.

89
Una fe sincera

Lo que sucedió de modo único en san Pedro, sucede también en cada cristiano que madura una fe sincera en Jesús el Cristo, el Hijo del Dios vivo. El Evangelio de hoy interpela también a cada uno de nosotros. ¿Cómo va tu fe? Que cada uno responda en su corazón. ¿Cómo va tu fe? ¿Cómo encuentra el Señor nuestro corazón? ¿Un corazón firme como la piedra o un corazón arenoso, es decir, dudoso, desconfiado, incrédulo? Nos hará bien hoy pensar en esto.

Si el Señor encuentra en nuestro corazón una fe no digo perfecta, pero sincera, genuina, entonces él ve también en nosotros las piedras vivas con la cuales construir su comunidad. De esta comunidad la piedra fundamental es Cristo, piedra angular y única. Por su parte, Pedro es piedra, en cuanto fundamento visible de la unidad de la Iglesia. Pero cada bautizado está llamado a ofrecer a Jesús la propia fe, pobre pero sincera, para que él pueda seguir construyendo su Iglesia, hoy, en todas las partes del mundo.

90

Para robustecer nuestra fe

El Señor no se da la vuelta ante nuestras necesidades y si a veces parece insensible a peticiones de ayuda, es para poner a prueba y robustecer nuestra fe.

El *amor fiel* de Dios es la *fidelidad*: es un amor que no defrauda, jamás disminuye. Jesús encarna este amor, es su testigo. Él nunca se cansa de amarnos, de soportarnos, de perdonarnos, y así nos acompaña en el camino de la vida, según la promesa que hizo a sus discípulos: "Yo estoy con vosotros todos los días, hasta el final de los tiempos" (Mt 28:20). Por amor se hizo hombre, por amor murió y resucitó y por amor está siempre a nuestro lado, en los momentos bellos y los difíciles.

91

La valentía de la fe

Jesús nos ama siempre, hasta el final, sin límites y sin medida. Y nos ama a todos, hasta el punto que cada uno de nosotros puede decir: "Ha dado su vida por mí". ¡Por mí! La fidelidad de Jesús no se rinde ni siquiera ante nuestra infidelidad. Nos lo recuerda san Pablo: "Si somos infieles, él permanece fiel, porque no puede negarse a sí mismo" (2 Tm 2:13).

Por último, *el amor de Dios es estable y seguro*, como los escollos rocosos que protegen de la violencia de las olas. Jesús lo manifiesta en el milagro narrado por el Evangelio, cuando aplaca la tempestad, ordenando al viento y al mar (Mc 4:41). Los discípulos tienen miedo porque se dan cuenta que no pueden, pero él abre sus corazones a la valentía de la fe. Ante el hombre que grita: "¡No puedo más!", el Señor sale a su encuentro, le ofrece la roca de su amor, al cual cada uno puede aferrarse seguro de que no caerá. ¡Cuántas veces sentimos que no podemos más! Pero él está a nuestro lado con la mano y el corazón abiertos.

92

Siempre fieles

¿Creemos que el Señor es fiel? ¿Cómo vivimos la novedad de Dios que todos los días nos transforma? ¿Cómo vivimos el amor firme del Señor, que se sitúa como una barrera segura contra las olas del orgullo y las falsas novedades? Que el Espíritu Santo nos ayude a ser siempre conscientes de este amor "rocoso" que nos hace estables y fuertes en los pequeños o grandes sufrimientos, nos hace capaces de no cerrarnos ante la dificultad, de afrontar la vida con valentía y mirar al futuro con esperanza. Como entonces en el lago de Galilea, también hoy en el mar de nuestra existencia, Jesús es aquél que vence las fuerzas del mal y las amenazas de la desesperación. La paz que él nos da es para todos.

Todo pasa, solo Dios permanece. Han pasado reinos, pueblos, culturas, naciones, ideologías, potencias, pero la Iglesia, fundada sobre Cristo, a través de tantas tempestades y a pesar de nuestros muchos pecados, permanece fiel al depósito de la fe en el servicio, porque la Iglesia no es de los papas, de los obispos, de los sacerdotes y tampoco de los fieles, es única y exclusivamente de Cristo. Solo quien vive en Cristo promueve y defiende a la Iglesia con la santidad de vida, a ejemplo de Pedro y Pablo.

93

La fe es el encuentro con Jesús

La fe nace y renace en el encuentro vivificante con Jesús, en la experiencia de su misericordia que ilumina todas las situaciones de la vida. Es bueno que revivamos todos los días este encuentro vivo con el Señor. Nos vendrá bien leer la Palabra de Dios y abrirnos a su amor en el silencio de la oración. Nos vendrá bien dejar que el encuentro con la ternura del Señor ilumine el corazón de alegría: una alegría más fuerte que la tristeza, una alegría que resiste incluso ante el dolor, transformándose en paz. Todo esto renueva la vida, que se vuelva libre y dócil a las sorpresas, lista y disponible para el Señor y para los demás.

94

Fe en el amor pleno

La palabra que Dios nos dirige en Jesús no es una más entre otras, sino su palabra eterna (Hb 1:1–2). No hay garantía más grande que Dios nos pueda dar para asegurarnos su amor, como nos recuerda san Pablo (Rm 8:31–39). La fe cristiana es, por tanto, fe en el amor pleno, en su poder eficaz, en su capacidad de transformar el mundo e iluminar el tiempo. "Hemos conocido el amor que Dios nos tiene y hemos creído en él" (1 Jn 4:16). La fe reconoce el amor de Dios manifestado en Jesús como el fundamento sobre el que se asienta la realidad y su destino último.

95

La dinámica de la fe

La palabra del Señor nos sorprende y nos hace reflexionar. Esta palabra introduce en la *dinámica de la fe*, que es una *relación*: la relación entre la persona humana, todos nosotros, y la persona de Jesús, donde el Padre juega un papel decisivo, y naturalmente, también el Espíritu Santo, que está implícito aquí. No basta encontrar a Jesús para creer en él; no basta leer la Biblia, el Evangelio; eso es importante, pero no basta. No basta ni siquiera asistir a un milagro, como el de la multiplicación de los panes. Muchas personas estuvieron en estrecho contacto con Jesús y no le creyeron. Es más, también lo despreciaron y condenaron. Y yo me pregunto: ¿por qué esto? ¿No fueron atraídos por el Padre? No. Esto sucedió porque su corazón estaba cerrado a la acción del Espíritu de Dios.

Y si tienes el corazón cerrado, la fe no entra. Dios Padre siempre nos atrae hacia Jesús. Somos nosotros quienes abrimos nuestro corazón o lo cerramos. En cambio la fe, que es como una semilla en lo profundo del corazón, florece cuando nos dejamos "atraer" por el Padre hacia Jesús y "vamos a él" con ánimo abierto, con corazón abierto, sin prejuicios; entonces reconocemos en su rostro el rostro de Dios y en sus palabras la Palabra de Dios, porque el Espíritu Santo nos ha hecho entrar en la relación de amor y de vida que hay entre Jesús y Dios Padre. Y ahí nosotros recibimos el don, el regalo de la fe.

96
Los ojos de la fe

Hay algunas tentaciones para los que siguen a Jesús. El Evangelio de hoy destaca al menos dos. Ninguno de los discípulos se detiene, como hace Jesús. Siguen caminando, pasan de largo como si nada hubiera sucedido. Si Bartimeo era ciego, ellos son sordos: aquel problema no es problema suyo. Este puede ser nuestro riesgo: ante continuos apuros [creemos], es mejor seguir adelante, sin preocuparse. De esta manera estamos con Jesús como aquellos discípulos, pero no pensamos como Jesús. Se está en su grupo, pero se pierde la apertura del corazón, se pierde la maravilla, la gratitud y el entusiasmo, y se corre el peligro de convertirse en "habituales de la gracia". Podemos hablar de él y trabajar para él, pero vivir lejos de su corazón, que está orientado a quien está herido.

Esta es la tentación: una "espiritualidad del espejismo". Podemos caminar a través de los desiertos de la humanidad sin ver lo que realmente hay, sino lo que a nosotros nos gustaría ver; somos capaces de construir visiones del mundo, pero no aceptamos lo que el Señor pone delante de nuestros ojos. Una fe que no sabe radicarse en la vida de la gente permanece árida y, en lugar de oasis, crea otros desiertos.

97

Fe en la resurrección

La Sagrada Escritura misma contiene *un camino hacia la fe plena en la resurrección de los muertos.* Ésta se expresa como fe en Dios creador de todo el hombre —alma y cuerpo—, y como fe en Dios liberador, el Dios fiel a la alianza con su pueblo. El profeta Ezequiel, en una visión, contempla los sepulcros de los deportados que se vuelven a abrir y los huesos secos que vuelven a vivir gracias a la infusión de un espíritu vivificante. Esta visión expresa la esperanza en la futura "resurrección de Israel", es decir, en el renacimiento del pueblo derrotado y humillado (Ez 37:1–14).

La resurrección no es solo el hecho de resurgir después de la muerte, sino que es una nueva clase de vida que ya experimentamos hoy; es la victoria sobre la nada que ya podemos pregustar. ¡La resurrección es el fundamento de la fe y de la esperanza cristiana!

98

El mensaje de la fe

Si no hubiera referencia al paraíso y a la vida eterna, el cristianismo se reduciría a una ética, a una filosofía de vida. En cambio, el mensaje de la fe cristiana viene del cielo, es revelado por Dios y va más allá de este mundo. Creer en la resurrección es esencial para que cada acto de nuestro de amor cristiano no sea efímero y sin más utilidad, sino que se convierta en una semilla destinada a florecer en el jardín de Dios y producir frutos de vida eterna.

La Resurrección no es una fe que nace de la Iglesia, sino que es la Iglesia la que nace de la fe en la Resurrección. Dice san Pablo: "Si Cristo no ha resucitado, vana es nuestra predicación y vana también vuestra fe" (1 Cor 15:14).

99

Conservar la fe

El apóstol Pablo, al final de su vida, hace un balance fundamental y dice: "He conservado la fe" (2 Tm 4:7) ¿Cómo la conservó? No en una caja fuerte. No la escondió bajo tierra, como aquel siervo un poco perezoso. San Pablo compara su vida con una batalla y con una carrera. Ha conservado la fe porque no se ha limitado a defenderla, sino que la ha anunciado, irradiado, la ha llevado lejos. Se ha opuesto decididamente a quienes querían conservar, "embalsamar" el mensaje de Cristo dentro de los confines de Palestina. Por esto ha elegido opciones valientes, ha ido a territorios hostiles, ha aceptado el reto de los alejados, de culturas diversas, ha hablado francamente, sin miedo. San Pablo ha conservado la fe porque, así como la había recibido, la ha dado, yendo a las periferias, sin atrincherarse en actitudes defensivas.

100
Dios siempre salva

A veces la historia, con sus sucesos y sus protagonistas, parece ir en sentido contrario al designio del Padre celestial, que quiere para todos sus hijos la justicia, la fraternidad, la paz. Pero nosotros estamos llamados a vivir estos periodos como temporadas de prueba, de esperanza y de espera vigilante de la cosecha.

Ayer como hoy, el Reino de Dios crece en el mundo de forma misteriosa, de forma sorprendente, desvelando el poder escondido de la pequeña semilla, su vitalidad victoriosa. Dentro de los pliegues de eventos personales y sociales que a veces parecen marcar el naufragio de la esperanza, es necesario permanecer confiados en el actuar tenue pero poderoso de Dios. Por eso, en los momentos de oscuridad y de dificultad nosotros no debemos desmoronarnos, sino permanecer anclados en la fidelidad de Dios, en su presencia que siempre salva.

Fuentes

1: Confesar a Jesús
Homilía, 29 de junio de 2017
www.vatican.va

2: La verdadera fe
Homilía, 29 de abril de 2017
www.vatican.va

3: Crecer en la fe
Homilía, 29 de abril de 2017
www.vatican.va

4: Por la fe
Entrevista al Papa Francisco, 19 de agosto de 2013
https://www.americamagazine.org/faith/2013/09/30/
big-heart-open-god-interview-pope-francis

5: Una fe que nos llama por nuestro nombre
Lumen Fidei, 8
www.vatican.va

6: La fe es una llamada y una promesa
Lumen Fidei, 9
www.vatican.va

7: La fe de Abrahán
Lumen Fidei, 10
Lumen Fidei, 11
www.vatican.va

8: La fe enseña
Lumen Fidei, 54
www.vatican.va

9: La fe de Israel
Lumen Fidei, 14
www.vatican.va

10: Fe y decálogo
Lumen Fidei, 46
www.vatican.va

11: La fe bíblica
Lumen Fidei, 54
www.vatican.va

12: La luz de la fe
Lumen Fidei, 12
www.vatican.va

13: La fe reconoce
Lumen Fidei, 15
www.vatican.va

14: La fe y el recuerdo
Homilía, 18 de junio de 2017
www.vatican.va

15: La fe, don de Dios
Lumen Fidei, 7
www.vatican.va

16: La fe cristiana
Lumen Fidei, 15
www.vatican.va

17: Nuestra fe
Lumen Fidei, 18
www.vatican.va

18: El toque de la fe
Lumen Fidei, 20
Lumen Fidei, 31
www.vatican.va

19: Fe es caminar con Jesús
Audiencia general, 16 de octubre de 2013
www.vatican.va
Rito de la admisión, 23 de noviembre de 2013
www.vatican.va

20: La luz de la fe
Lumen Fidei, 4
www.vatican.va

21: Le fe, una luz para nuestras tinieblas
Ángelus, 12 de noviembre de 2017
www.vatican.va
Lumen Fidei, 4
www.vatican.va

22: Fe en Jesús
Lumen Fidei, 35
Lumen Fidei, 13
www.vatican.va

23: La fe se transmite
Lumen Fidei, 37
www.vatican.va

24: La lámpara de nuestra fe
Ángelus, 12 de noviembre de 2017
www.vatican.va

25: La fee n los ídolos
Lumen Fidei, 13
www.vatican.va

26: La fe, asociada a la conversión
Lumen Fidei 13
www.vatican.va
Lumen Fidei 13
www.vatican.va

27: La fe, centrada en sí misma
Audiencia general, 7 de septiembre de 2016
www.vatican.va

28: La verdadera fe es comunitaria
Lumen Fidei 22
www.vatican.va
Ángelus, 9 de noviembre de 2014
www.vatican.va

29: La medida de la fe
Lumen Fidei, 22
www.vatican.va

30: La confesión de la fe
Lumen Fidei, 22
www.vatican.va

31: Fe operante
Lumen Fidei, 22
www.vatican.va

32: La fe no es una decisión individual
Lumen Fidei, 39
www.vatican.va

33: La fe revela
Lumen Fidei, 50
www.vatican.va
Evangelii Gaudium, 88
www.vatican.va

34: Proteger la fe
Homilía, 6 de enero de 2014
www.vatican.va

35: Fe "astuta"
Homilía, 6 de enero de 2014
www.vatican.va

36: La fe transforma
Lumen Fidei, 26
www.vatican.va
Evangelii Gaudium, 121
www.vatican.va

37: El testimonio de la fe
Evangelii Gaudium, 121 y 272
www.vatican.va

38: Tener fe
Audiencia general, 2 de octubre de 2013
www.vatican.va

39: La fe y la duda
Audiencia general, 23 de noviembre de 2016
www.vatican.va

40: La fe es fidelidad
Audiencia general, 23 de noviembre de 2016
www.vatican.va
Homilía, 13 de octubre de 2013
www.vatican.va

41: El conocimiento de la fe
Lumen Fidei, 28
www.vatican.va

42: Proteger la fe
Homilía, 6 de enero de 2014
www.vatican.va

43: La obediencia de la fe
Lumen Fidei 29
Lumen Fidei 30
www.vatican.va

44: La fe recta
Lumen Fidei, 36
www.vatican.va

45: La fe despierta
Lumen Fidei, 34
www.vatican.va

46: La fe y la razón
Evangelli Gaudium, 242
Evangelli Gaudium, 243
www.vatican.va

47: La fe y los sacramentos
Homilía, 1 de enero de 2015
www.vatican.va
Lumen Fidei, 40
www.vatican.va

48: La fe y la Iglesia
Homilía, 11 de enero de 2015
www.vatican.va

49: La fe es luz
Homilía, 8 de enero de 2017
www.vatican.va
Lumen Fidei, 41
www.vatican.va

50: Los sacramentos: dones de fe
Lumen Fidei, 43
Lumen Fidei, 44
www.vatican.va

51: La fe gozosa
Audiencia general, 6 de noviembre de 2013
www.vatican.va

52: El amor fiel de Dios
Ángelus, 17 de enero de 2016
www.vatican.va

53: La vida de fe
Ángelus, 14 de enero de 2018
www.vatican.va
Homilía, 29 de noviembre de 2017
www.vatican.va

54: Confesar nuestra fe
Lumen Fidei, 45
www.vatican.va
Evangelii Gaudium, 278
www.vatican.va

55: Una actitud de fe
Ángelus, 9 de agosto de 2015
www.vatican.va

56: La fe y la creación
Lumen Fidei, 55
www.vatican.va

57: La fe y el perdón
Lumen Fidei, 55
www.vatican.va
Laudato Si, 93
www.vatican.va

58: Coherentes con nuestra fe
Laudato Si, 200
www.vatican.va

59: Fe y responsabilidad
Laudato Si, 220
www.vatican.va

60: La fe en la vida pública
Lumen Fidei, 55
www.vatican.va

61: La fe ilumina la vida y la sociedad
Lumen Fidei, 55
www.vatican.va
Evangelii Gaudium, 63
Evangelii Gaudium, 89
www.vatican.va

62: La fe y el sufrimiento
Homilía, 6 de noviembre de 2016
www.vatican.va

63: La fe es esperanza
Lumen Fidei, 57
www.vatican.va

64: La llama de la fe en la oscuridad
Audiencia general, 17 de junio de 2015
www.vatican.va
Audiencia general, 18 de octubre de 2017
www.vatican.va

65: Fe humilde
Ángelus, 6 de octubre de 2013
www.vatican.va

66: La fe de María
Regina Coeli, 28 de marzo de 2016
www.vatican.va

67: María como modelo de nuestra fe
Audiencia general, 23 de octubre de 2013
www.vatican.va
Lumen Fidei 58
www.vatican.va

68: María, una fe que da fruto
Lumen Fidei, 58
Lumen Fidei, 59
www.vatican.va

69: Iluminados por la fe de María
Evangelii Gaudium, 287
www.vatican.va
Audiencia general, 23 de octubre de 2013
www.vatican.va

70: La fe de nuestra Madre
Ángelus, 21 de diciembre de 2014
www.vatican.va
Ángelus, 15 de agosto de 2015
www.vatican.va

71: La misericordiosa fe de María
Ángelus, 15 de agosto de 2017
www.vatican.va
Ángelus, 1 de enero de 2018
www.vatican.va

72: El camino de fe de María
Homilía, 13 de octubre de 2013
www.vatican.va
Homilía, 1 de enero de 2014
www.vatican.va

73: Una fe que no decae
Homilía, 1 de enero de 2014
www.vatican.va

74: La familia y la fe
Amoris Laetitia, 16
www.vatican.va

75: La fe es don de Dios
Amoris Laetitia, 287
www.vatican.va

76: La educación y la fe
Amoris Laetitia, 288
www.vatican.va

77: Las familias y la fe
Homilía, 27 de octubre de 2013
www.vatican.va
Homilía, 11 de enero de 2015
www.vatican.va

78: La transmisión de la fe
Homilía, 21 de junio de 2015
www.vatican.va

79: La fe abre la ventana
Homilía, 27 de septiembre de 2015
www.vatican.va

80: El dialect de la fe
Homilía, 7 de enero de 2018
www.vatican.va

81: "Si *tuvierais* fe. . ."
Homilía, 2 de octubre de 2016
www.vatican.va

82: Una fe que nutre
Audiencia general, 25 de mayo de 2016
www.vatican.va

83: El aliento de la fe es la oración
Ángelus, 6 de octubre de 2013
www.vatican.va
Ángelus, 20 de octubre de 2013
www.vatican.va

84: Con Dios que es fiel
Ángelus, 20 de octubre de 2013
www.vatican.va
Homilía, 29 de junio de 2015
www.vatican.va

85: Una fe frágil
Ángelus, 10 de agosto de 2014
www.vatican.va

86: De "poca fe"
Ángelus, 10 de agosto de 2014
www.vatican.va

87: Una fe firme y genuina
Ángelus, 10 de agosto de 2014
www.vatican.va

88: Sobre esta fe
Ángelus, 24 de agosto de 2014
www.vatican.va

89: Una fe sincera
Ángelus, 24 de agosto de 2014
www.vatican.va

90: Para robustecer nuestra fe
Ángelus, 20 de agosto de 2017
www.vatican.va
Homilía, 21 de junio de 2015
www.vatican.va

91: La valentía de la fe
Homilía, 21 de junio de 2015
www.vatican.va

92: Siempre fiel
Homilía, 21 de junio de 2015
www.vatican.va
Homilía, 29 de junio de 2015
www.vatican.va

93: La fe es el encuentro con Jesús
Homilía, 25 de junio de 2016
www.vatican.va

94: Fe en el amor pleno
Lumen Fidei, 15
www.vatican.va

95: La dinámica de la fe
Ángelus, 9 de agosto de 2015
www.vatican.va

96: Los ojos de la fe
Homilía, 25 de octubre de 2015
www.vatican.va

97: Fe en la resurrección
Audiencia general, 4 de diciembre de 2013
www.vatican.va
Ángelus, 6 de noviembre de 2016
www.vatican.va

98: El mensaje de la fe
Ángelus, 6 de noviembre de 2016
www.vatican.va
Homlía, 29 de abril de 2017
www.vatican.va

99: Conservar la fe
Homilía, 27 de octubre de 2013
www.vatican.va

100: Dios siempre salva
Ángelus, 17 de junio de 2018
www.vatican.va